LA PRISE DE LA BASTILLE

petites histoires de l'HISTOIRE

La prise de la Bastille

Hélène Montardre

Illustrations de Glen Chapron

© 2015 Éditions Nathan, SEJER, 92, avenue de France, 75013 Paris, France
Loi n° 49-956 du 16 juillet 1949 sur les publications destinées à la jeunesse,
modifiée par la loi n° 2011-525 du 17 mai 2011
ISBN 978-2-09-255685-6
N° d'éditeur : 10297737 – Dépôt légal : février 2015
Achevé d'imprimer en janvier 2024
par La Nouvelle Imprimerie Laballery (58500 Clamecy, Nièvre, France)
N° d'impression : 312468

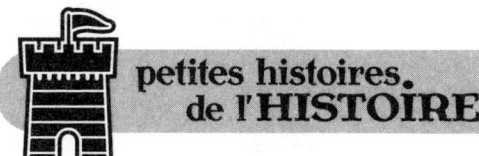 petites histoires de l'HISTOIRE

La prise de la Bastille

Hélène Montardre

Illustrations de Glen Chapron

L'AVENTURE COMMENCE...

QUAND ?

Nous sommes en **1789**.

OÙ ?

La **France** est gouvernée par le roi **Louis XVI**. Il vit à **Versailles**, avec la reine, Marie-Antoinette.

QUI ?

La plupart des **Français** ne sont pas très contents car ils trouvent leur vie **trop difficile**. En effet, l'État n'a plus d'argent et les impôts sont nombreux. Ce sont les **gens du peuple** qui paient la majorité d'entre eux, et ils supportent mal de voir que les **nobles** et le **clergé**, les évêques, les abbés, les moines, les curés, en paient beaucoup moins.

MAIS ENCORE ?

En France, la misère grandit. Le roi cherche comment résoudre cette crise et il a l'idée de convoquer les **États généraux** : il va réunir des représentants de toutes les classes de la société. S'ils réfléchissent ensemble, peut-être trouveront-ils des solutions ?
De toute la France, ces représentants gagnent Versailles. Ils apportent les souhaits et les propositions de ceux qui les ont élus.

**À Paris, Valentin, fils de tonnelier,
attend l'un de ces députés avec impatience...**

LE MYSTÉRIEUX COUSIN

Ne devrait pas être là ? interroge Valentin.
— René, son père, lève les yeux au ciel. Voilà au moins quinze fois que Valentin pose cette question.

— Je n'en sais rien ! répond-il, excédé. Aide-moi, plutôt. Rapproche le marteau. Non, pas celui-ci, l'autre.

— Tu es sûr qu'il va nous trouver ? poursuit Valentin. C'est grand, Paris, pour lui qui arrive de la campagne.

Ce « lui » que Valentin attend avec impatience est un cousin de son âge qu'il ne connaît pas. Il sait juste qu'il habite quelque part près de Lyon. Son père en parle parfois, mais Valentin n'y a jamais prêté attention. Jusqu'au jour où la nouvelle est arrivée : Benoît, curé du village

1

LE MYSTÉRIEUX COUSIN

— Il ne devrait pas être là ? interroge Valentin.

René, son père, lève les yeux au ciel. Voilà au moins quinze fois que Valentin pose cette question.

— Je n'en sais rien ! répond-il, excédé. Aide-moi, plutôt. Passe-moi le marteau... Non, pas celui-ci, l'autre.

— Tu es sûr qu'il va nous trouver ? poursuit Valentin. C'est grand, Paris, pour lui qui arrive de la campagne.

Ce « lui » que Valentin attend avec impatience est un cousin de son père qu'il ne connaît pas. Il sait juste qu'il habite quelque part près de Lyon. Son père en parle parfois, mais Valentin n'y a jamais prêté attention. Jusqu'à ce jour où la nouvelle est arrivée : Benoît, curé du village de Sévelinges, va venir à Versailles pour les États généraux. Il passera par Paris et en profitera pour leur rendre visite.

— Il nous trouvera, assure René. Il a été élu député, il est sûrement très instruit. C'est quelqu'un de pas comme les autres.

« Pas comme les autres… » Ces quatre mots tournent dans la tête de Valentin. Son père est parti livrer un tonneau, et tandis qu'il range l'atelier, il laisse courir ses pensées. Il imagine le curé de Sévelinges comme quelqu'un de très distingué. Peut-être a-t-il un valet à son service ? Peut-être est-ce une voiture qui va le conduire ici ? Il en descendra, portant un élégant sac de voyage…

Soudain, un Toc ! Toc ! Toc ! énergique le tire de sa rêverie. Il cligne des yeux. Une mince silhouette s'encadre dans l'entrée.

L'arrivant n'est pas très grand et Valentin le distingue mal dans la pénombre.

— Mon père vient de s'absenter, commence-t-il. Si c'est pour une commande, il faudra…

— Tu dois être Valentin, n'est-ce pas ? l'interrompt l'inconnu.

– Euh... Oui... Mais...

L'autre ne le laisse pas poursuivre. Il s'avance, pose sur le sol un sac minuscule, ouvre les bras et lance :

– On s'embrasse ? Nous sommes cousins, tu sais.

Valentin détaille, ahuri, celui qui vient de parler. Il a l'air si jeune... Il porte une soutane usée et ses pieds sont chaussés de lourds souliers de marche. Rien à voir avec ce qu'il imaginait !

– Je suis le cousin Benoît, déclare le nouveau venu en saisissant Valentin par les épaules et en lui plaquant une bise sur chaque joue.

Plus tard, dans le petit logement qu'occupe la famille de Valentin derrière l'atelier, le cousin Benoît raconte. Et Valentin ne se lasse pas de l'écouter. D'accord, Benoît n'est pas très impressionnant... Mais qu'est-ce qu'il parle bien ! Et son père a raison, il est très instruit.

Il est aussi très fier d'avoir été élu député.

– Vous vous rendez compte, dit-il, la dernière fois que les États généraux ont été réunis, c'était en 1614. Cela fait 175 ans ! 175 ans que le roi n'a pas demandé aux représentants de la société française de se rassembler et de réfléchir ensemble. Chacun pourra faire des propositions pour améliorer la situation du pays et de ses habitants.

— Toi, qui représentes-tu ? interroge Valentin.

— Je suis curé. Je représente donc une partie du clergé de ma région et...

— Chez toi aussi, les gens ont écrit dans des cahiers tout ce qu'ils voulaient dire au roi ? le coupe René.

— Bien sûr ! Et ils en ont des choses à dire. Tiens, les paysans... Ils versent des impôts à tout le monde : au clergé, aux seigneurs et au roi ! Si bien qu'à la fin, il leur reste à peine de quoi manger.

René hoche la tête. Lui est artisan, mais il paie aussi toutes sortes d'impôts !

— Le clergé et la noblesse ont trop de privilèges, s'exclame Marie, la mère de Valentin. Ils ont des droits que nous n'avons pas, et ils paient beaucoup moins d'impôts que nous ! Ce n'est pas juste. Ici, dans le quartier, c'est ce que les gens ont demandé : que tous les impôts soient payés par tous, sans exception, et que chacun paie en fonction de ses possibilités.

– Ils ont raison, approuve Benoît. Chez moi, à Sévelinges, deux familles ont été jetées hors de chez elles pour n'avoir pu verser l'impôt.

– À Paris, il y a de plus en plus de miséreux, grogne Marie.

– L'hiver a été terrible, explique René. Les gens ont faim.

– Il y a eu des émeutes, il n'y a pas longtemps, reprend Marie. Des maisons, des fabriques ont été pillées et brûlées. Il y a eu des morts.

Un long silence accueille cette déclaration.

– Vous serez nombreux à Versailles ? finit par demander Marie.

– Plus de mille ! Nous venons de toutes les provinces. Nous serons regroupés en trois ordres : le clergé, la noblesse, le tiers état.

– Dans le clergé, il y aura beaucoup de curés comme toi ? enchaîne René.

– Oui, bien sûr ! Et aussi des abbés, des évêques… Toute l'Église sera représentée.

– Et pour la noblesse ?

– Des comtes, des ducs, mais aussi des membres de la petite noblesse, comme notre châtelain…

– Et pour le tiers état ?

– Le tiers état, c'est le reste de la population : les bourgeois, les banquiers, les commerçants...

– Les paysans, les artisans, les domestiques... continue René.

– Mais... C'est tout le monde ! s'étonne Valentin.

– Presque. Le tiers état rassemble la plus grande partie de la population française. C'est lui qui paie les impôts et donc qui fait vivre la nation. Et pourtant, c'est lui qui a le moins de droits ! Voilà pourquoi les gens réclament une Constitution. Avec un texte qui organiserait la répartition des pouvoirs et le fonctionnement du gouvernement, tout irait beaucoup mieux !

– Tu vas voir le roi, à Versailles ? demande Valentin, les yeux brillants.

– Bien sûr ! Il sera présent à la messe qui sera célébrée avant les États généraux, et il présidera l'ouverture officielle. Je suis sûr qu'il y aura foule. Tout le monde a envie d'assister à cet événement.

– Moi aussi, soupire Valentin.

Un long silence s'installe. René a très sommeil. Il n'a pas l'habitude de veiller si tard ! Marie a fini depuis longtemps de débarrasser la table.

Seuls Valentin et Benoît ont envie de prolonger la soirée.

C'est alors, dans ce long silence, que les paroles de Benoît tombent :

– Et pourquoi pas ?

Valentin n'est pas sûr d'avoir bien compris, quand Benoît enchaîne :

– Pourquoi tu n'y assisterais pas ? C'est un événement qui est ouvert à tous...

Voilà qui réveille René.

– J'ai besoin de lui à l'atelier !

– Il n'y aura jamais de place pour tous les spectateurs, intervient Marie.

– Je suis sûr que votre garçon est débrouillard, affirme Benoît. Il se trouvera bien un coin.

René n'ose pas insister. Difficile de s'opposer à un cousin instruit et curé !

Les oreilles pleines de tout ce que Benoît a raconté, Valentin rejoint l'atelier. Il a cédé au cousin la paillasse sur laquelle il dort habituellement. Lui couchera sur des sacs, derrière la réserve de bois... S'il parvient à fermer l'œil !

2

VIVE LE ROI !

Il fait encore nuit noire quand Valentin et le cousin Benoît se glissent dans la rue. Il leur faudra quelques heures de marche pour rejoindre Versailles, et ils doivent y être tôt si Valentin veut voir défiler les députés, le roi, la reine et la cour.

Ils ne sont pas les seuls à avoir eu cette idée. Une multitude de marcheurs s'échelonnent sur la route. Au petit jour, ils sont rattrapés par des carrosses qui les doublent dans le Clop ! Clop ! Clop ! Clop ! régulier de leurs chevaux. Quand Benoît et Valentin arrivent, les rues de Versailles sont déjà très animées.

– Je te laisse, lance le cousin Benoît à Valentin. On se retrouve après la messe.

Valentin n'a pas à se demander où aller. Il est

porté par la foule le long d'une rue qui conduit à une église. Il n'a plus qu'à y trouver une place et à attendre.

Et Valentin attend longtemps. Mais il ne voit pas les heures passer. Il y a tant à regarder ! Des militaires ont pris position. Certains sont des gardes-françaises qui appartiennent à un régiment français ; d'autres sont des gardes-suisses, chargés de la protection du roi. Des tapisseries sont suspendues aux façades des maisons et les balcons sont ornés d'étoffes précieuses. Des spectateurs s'y pressent et chacun a sorti ses plus beaux habits.

Soudain, une fanfare éclate et un murmure parcourt la foule :

– Les voilà ! Les voilà !

Les députés du tiers état sont les premiers à se présenter. Ils sont vêtus d'un simple habit noir. Derrière eux, les députés de la noblesse ruissellent de lumière. La plupart portent des vestes brodées d'or, des cravates de dentelle et des chapeaux à plumes. Leur tenue tranche avec celle des curés en soutane noire qui les suivent. Le cousin Benoît doit être parmi eux et Valentin se dresse sur la pointe des pieds pour tenter de l'apercevoir. Ça y est ! C'est lui, là-bas !

– Cousin Benoît ! Ouh ! Ouh ! clame Valentin en agitant les bras.

Mais sa voix se perd dans les applaudissements.

Les cardinaux et les évêques en bonnet carré et robe violette succèdent aux curés.

Puis un grand silence s'installe. Tous attendent celui qui ferme la procession : le roi.

Valentin est ébloui. Jamais il n'aurait pensé avoir un jour le privilège de le voir ! Il cligne des yeux dans le soleil et ouvre grand ses oreilles pour les emplir des applaudissements et des vivats. Louis XVI est à pied, comme les autres. Il marche d'un pas solennel, le regard fixé devant lui.

Et ça y est, c'est fini : le cortège est entré dans l'église.

Valentin a promis à son père de revenir à Paris dès la procession terminée, mais il sait déjà qu'il n'en fera rien. La messe achevée, son cousin le retrouve devant l'église et lui propose :

– Reste avec moi. Aujourd'hui c'était la messe ; l'ouverture des États généraux, c'est demain.

Le roi prononcera un discours. Ce qui se passe ici est important. Il faut que tu y assistes.

Il charge un voisin qui rentre à Paris de prévenir René :

— Dis-lui que c'est moi qui ai demandé à garder Valentin.

Le lendemain, 5 mai, pas question de traîner. Les États généraux se réunissent à l'hôtel des Menus Plaisirs. Habituellement, ce bâtiment abrite du matériel pour les jeux et les spectacles de la cour. Mais comme il est très vaste, il a été aménagé pour accueillir les États généraux.

Quand Valentin se présente, il y a déjà foule. Les huissiers ne sont pas assez nombreux pour placer tout le monde. Cela joue en faveur de Valentin qui se faufile dans l'édifice et déniche un petit espace d'où il pourra suivre les événements. Jamais il n'a vu une salle aussi grande et aussi richement décorée. Le public se presse dans les galeries et observe les députés qui arrivent petit à petit et s'assoient au parterre.

Autour de Valentin, des commentaires fusent et des noms circulent : Mirabeau, le duc d'Orléans… Il faudra qu'il demande à son cousin qui sont ces gens.

Enfin, l'arrivée du roi et de la reine est annoncée, et tout le monde se lève. Louis XVI reste un long moment debout devant son trône, sous un dais de tissu doré. La cour s'installe à ses côtés et à cet instant, un rayon de soleil illumine la scène. La foule hurle d'enthousiasme. Valentin a mal aux mains à force d'applaudir. Il ne peut détacher son regard du roi qui a revêtu un somptueux manteau. Dans la salle, tous ont ôté leur chapeau car on ne reste pas coiffé devant le roi. Louis XVI soulève à son tour le sien pour saluer, puis il s'assoit.

Alors, dans le silence revenu, il prend la parole :

– Messieurs, ce jour que mon cœur attendait depuis longtemps est enfin arrivé…

Ces mots sont le début d'un long discours. Ensuite, d'autres discours s'enchaînent, et Valentin commence à s'ennuyer. Et puis il a trop chaud et son ventre gargouille. Il a faim ! Finalement, au milieu de l'après-midi, un homme en habit noir se lève.

– C'est Necker, un ministre du roi, murmure-t-on dans le public.

Necker s'occupe des finances de la nation et son discours est très attendu ! Mais pour le jeune garçon, il est aussi ennuyeux que les précédents.

La foule s'écoule à l'extérieur et Valentin est heureux de retrouver son cousin. Pourtant, celui-ci fulmine :

– Quelle mascarade ! Tu as vu comment les députés sont traités ? Tous les honneurs sont pour les nobles, les évêques et les cardinaux... Nous, les curés, nous ne comptons pas. Quant aux députés du tiers état... Tiens, ce matin, ils étaient convoqués à huit heures. Et on les a tellement fait attendre que les derniers ne sont entrés qu'à onze heures ! Ils ne sont pas contents, tu peux me croire. Et tu as entendu Necker, à la fin ?

Valentin n'ose pas avouer qu'il n'a pas compris grand-chose à tous ces discours. Le cousin Benoît est trop en colère pour s'en apercevoir.

– Il a annoncé que les votes se feraient par ordre, et non par tête.

– Et alors ?

– Réfléchis un peu ! Si le vote a lieu par ordre, cela veut dire que chaque ordre ne dispose que d'une voix. Or quelle que soit la proposition, le clergé et la noblesse auront le même avis ; donc ils voteront de la même façon. En revanche, le tiers état ne sera sûrement pas d'accord avec eux car ses intérêts ne sont pas les mêmes. Mais il ne pourra pas se faire entendre : il sera toujours seul contre deux !

– J'ai compris ! s'exclame Valentin. Par exemple, s'il s'agit de décider si tout le monde doit payer les mêmes impôts, la noblesse et le clergé voteront non et le tiers état, oui.

– C'est ça. Et le clergé et la noblesse l'emporteront. Ce n'est pas juste… Surtout que les députés du tiers état sont plus nombreux que ceux du clergé et de la noblesse réunis ! Imagine maintenant que chaque député dispose d'une voix… Cela change tout puisque les députés du tiers état sont plus nombreux ! Surtout si des députés du clergé votent comme eux.

Valentin commence à comprendre l'enjeu de ces États généraux. Il se souvient des paroles de sa mère : « Le clergé et la noblesse ont trop de privilèges. » Durant ces États généraux, des propositions vont être faites et les députés vont voter. Mais si c'est toujours le clergé et la noblesse qui l'emportent, rien ne changera jamais pour le peuple !

Le cousin Benoît lui serre l'épaule et conclut :
— Rentre chez toi, Valentin. Je crois qu'ici, il ne va rien se passer pendant un certain temps et ton père a besoin de toi. Je ne voudrais pas me fâcher avec lui !

3
LE SERMENT
DU JEU DE PAUME

Le cousin Benoît avait raison. À Versailles, il ne se passe rien pendant un certain temps. Le tiers état a demandé le vote par tête, le roi n'est pas d'accord, et personne ne veut céder !

Le mois de mai s'écoule. Les premiers jours de juin aussi.

À Paris, on guette les nouvelles. La vie est difficile. L'hiver a été rude, et sur les marchés, tout est cher. Une simple miche de pain coûte une petite fortune.

Valentin, lui, a repris son travail auprès de son père, mais les deux jours avec son cousin ont aiguisé sa curiosité. Heureusement, Jacques, le fils du médecin, est là pour l'éclairer. Valentin et lui se connaissent depuis l'enfance. Ils habitent la même rue, ils ont souvent joué ensemble et ils se sont toujours bien entendus.

Contrairement à Valentin, Jacques est allé à l'école. Il sait lire et écrire, il a accès aux journaux et il écoute aussi ce qui se dit chez lui. C'est lui qui informe Valentin de ce qui se déroule à Versailles.

Un soir, dans le courant du mois de juin, Valentin et Jacques apprennent une étonnante nouvelle. Des députés du clergé ont rejoint le tiers état ! Ensemble, ils ont déclaré qu'étant les plus nombreux, ils étaient représentatifs de la nation. Ils ont décidé qu'ils formaient à présent l'« Assemblée nationale ». Puis ils ont élu un président : Jean Sylvain Bailly, un député parisien.

– C'est un astronome, explique Jacques à Valentin. Mon père l'a rencontré à plusieurs reprises.

Les deux garçons se regardent. Il se passe tant de choses, là-bas ! Et eux sont là, à attendre les nouvelles.

– On y va ? propose Valentin, les yeux brillants.
– On y va ! répond Jacques.

Valentin s'en doutait, son cousin Benoît fait partie des membres du clergé qui ont rejoint le tiers état.

– Tu as bien fait de venir, déclare-t-il en embrassant Valentin. Et aussi d'amener ton ami. Tout le peuple doit savoir ce que nous sommes en train d'accomplir. Suivez-moi ! Le roi a convoqué les trois ordres pour le 22 juin, et l'Assemblée va se réunir pour préparer cette rencontre.

Mais quand les députés arrivent à l'hôtel des Menus Plaisirs où, depuis l'ouverture des États généraux, le tiers état s'est toujours réuni, une drôle de surprise les attend.

– La salle est fermée pour travaux ! annonce un huissier. Ordre du roi !

– C'est un mensonge ! clament plusieurs députés. On veut juste nous empêcher de nous rassembler.

Mensonge ou pas, la salle leur est interdite. Et pour bien montrer que l'affaire est sérieuse, des gardes armés empêchent députés et spectateurs d'avancer.

– Tenons notre assemblée dehors, sur la place d'Armes, proposent certains.

Mais l'orage menace, il pleut déjà et il est urgent de trouver un abri.

– Et ce bâtiment, là-bas ? lance soudain quelqu'un en désignant une vaste bâtisse.

– C'est la salle du Jeu de paume, explique un député versaillais. Ce n'est pas très pratique pour se réunir.

La pluie est de plus en plus forte.

– Ça ne fait rien ! hurlent des députés en se mettant à courir.

Valentin, Jacques et d'autres aimeraient bien les suivre. Impossible, la salle est trop petite, et ils sont refoulés.

Valentin tire Jacques par la manche.

– Viens !

De jeunes audacieux sont déjà en train d'escalader les murs. Là-haut, des baies grillagées permettent de voir ce qui se passe à l'intérieur. Les deux garçons se hissent à leur tour et s'agrippent aux grillages. Ce n'est pas très confortable, mais la vue est imprenable.

À l'intérieur, les députés tirent un banc au centre de la pièce. Il servira de bureau. Mounier, un député de Grenoble, prend la parole :

– Mes amis ! Prêtons serment. Nous tous, membres de l'Assemblée nationale, réunis dans cette salle du Jeu de paume, jurons de ne pas

nous séparer avant qu'une Constitution soit rédigée et approuvée.

Le président, Jean Sylvain Bailly, est le premier à répéter le serment d'une voix forte pour que tous l'entendent, même les spectateurs restés dehors. La foule applaudit et hurle de joie. Valentin et Jacques décident alors que ce qui se déroule ici est bien trop excitant. Pas question de rentrer à Paris ! Ils ne quitteront plus le cousin Benoît.

Le jour suivant, 21 juin, la salle du Jeu de paume est fermée. Le comte d'Artois, frère du roi, l'a réservée pour jouer au jeu de paume ! Voilà les députés du tiers état à nouveau dans la rue. Pas pour longtemps.

– Allons à l'église Saint-Louis, propose l'un d'eux. Personne ne peut nous en interdire l'accès et elle peut contenir plus de mille personnes. Nous y serons bien.

À midi, à peine les membres de l'Assemblée nationale ont-ils pris place dans l'église que de nouveaux députés du clergé font leur entrée : des évêques, des curés... Jean Sylvain Bailly ne cache pas sa joie, et des vivats enthousiastes saluent les arrivants. Deux députés de la noblesse, le marquis de Blacons et le comte d'Agoult, se glissent derrière eux. Ils sont chaleureusement applaudis.

Cette fois-ci, le tiers état est sûr d'avoir gagné ! Avec ces députés du clergé et de la noblesse qui viennent de les rejoindre, la séparation en trois ordres n'existe plus ; le vote par tête sera obligatoire.

4
LA PUISSANCE DES BAÏONNETTES

Le 22 juin, Valentin et Jacques sont surpris par l'agitation qui règne dans les rues de Versailles. Ils en comprennent vite la raison : la réunion des trois ordres prévue par le roi est repoussée au lendemain, et des troupes de militaires prennent position autour de la ville ! Le roi a en effet commandé aux gardes-françaises et suisses d'encercler Versailles.

— Il veut impressionner notre Assemblée nationale, explique Benoît. Mais cela ne marchera pas.

Ce rassemblement de forces militaires n'empêche pas les Parisiens et les Versaillais d'accourir en masse, dès l'aube du 23, pour assister à la réunion. Peine perdue : le roi a décidé que la séance aurait lieu à huis clos. Pas de spectateurs !

Il pleut encore ce jour-là et quand les portes de l'hôtel des Menus Plaisirs s'ouvrent, les députés sont pressés d'y entrer. Les huissiers invitent d'abord le clergé et la noblesse à pénétrer dans les lieux. Avant de rejoindre sa place, le cousin Benoît adresse un salut aux deux garçons et lance :

– Je vous raconterai !

Et les députés du tiers état ? Ils attendent. Sous la pluie. Pendant une heure ! Ils sont très mécontents. Enfin, on leur fait signe. Ils peuvent entrer ! Mais pas par les grandes portes. On les dirige vers de petites portes, situées à l'arrière du bâtiment.

La pluie continue de tomber et les spectateurs massés à l'extérieur se dispersent. Un petit noyau reste, cependant. Valentin et Jacques en font partie.

Ce n'est qu'en fin de journée que les portes se rouvrent pour laisser passer le roi, la reine, la cour, la plus grande partie de la noblesse et le haut clergé.

– Et ton cousin ? s'étonne Jacques.

– Aucun curé n'est sorti, répond Valentin. Ni aucun représentant du tiers état.

Plus tard, le cousin Benoît les rejoint et s'exclame :

— Mes amis ! Quelle journée...

Et il commence à raconter :

— Le roi est venu seul, sans son ministre Necker. Il a fait trois discours. Et à la fin du troisième, il nous a ordonné de nous séparer immédiatement et de nous rendre, le lendemain, dans les salles prévues pour chaque ordre. Comme si l'Assemblée nationale n'existait pas !

— Vous avez accepté ? s'exclame Valentin.

— Tu penses bien que non ! Le tiers état, une partie du clergé et même quelques députés de la noblesse ont refusé de bouger. Un représentant du roi est alors venu nous rappeler que nous devions quitter la salle. Vous savez ce que Mirabeau lui a répondu ?

— Non, répliquent en chœur les deux garçons.

— Il a lancé : « Allez dire à ceux qui vous ont envoyés que nous sommes ici par la volonté du peuple et que nous n'en sortirons que par la puissance des baïonnettes. »

— Il n'a peur de rien, ce Mirabeau, constate Valentin, admiratif.

— Et ensuite ? réclame Jacques.

– Eh bien, nous avons délibéré et décidé de rester ensemble, députés du tiers état, du clergé et de la noblesse mêlés, et de continuer à travailler à notre Constitution.

Le cousin Benoît les dévisage, les yeux brillants, avant d'ajouter :

– Ma place est ici. Nous avons juré de ne pas nous séparer tant que nous n'aurons pas rédigé la Constitution, et nous tiendrons parole. Mais vous, ne vous attardez pas ici. Vous avez vu ? Le roi rassemble des troupes autour de Versailles. Il ne faudrait pas que vous soyez pris au piège. Rentrez à Paris.

– Et toi ? s'inquiète Valentin.

– Je ne risque rien. Allez, filez ! Moi, je reste avec les nôtres. Nous avons prévu de nous retrouver de bonne heure demain matin. Et je suis presque sûr qu'une partie de la noblesse se joindra aussi à nous.

Le cousin Benoît a vu juste. Le lendemain, une quarantaine de députés de la noblesse, le duc d'Orléans en tête, se mélange au tiers état. Et le 27 juin, c'est Louis XVI lui-même qui invite les députés des trois ordres à se réunir ensemble.

Cette fois, le tiers état a vraiment gagné.

5

AUX ARMES, LES PARISIENS !

Paris n'est pas plus calme que Versailles. Ici aussi, les troupes encerclent la ville ! Mais les Parisiens n'ont pas peur. Ils se disent que la plupart des soldats sont français, jamais ils ne tireront sur eux.

Louis XVI a dû arriver aux mêmes conclusions car il envoie aussi des régiments étrangers et des gardes-suisses. De ceux-là, les Parisiens se méfient. Et ils ont raison. Si ces militaires reçoivent l'ordre de tirer sur la foule, ils obéiront.

Dans les rues, les Parisiens commentent les événements, et Valentin les écoute.

– Le roi veut empêcher l'Assemblée nationale de travailler, disent les uns. Voilà pourquoi il a mobilisé ses soldats. Pour faire peur à nos députés...

– Et pour nous faire peur à nous aussi ! clament les autres. Cela ne nous impressionne pas. Nous soutenons nos députés.

– Les gardes-françaises seront avec nous.

– C'est sûr. Ils sont comme nous. Ils sont si mal payés qu'ils ne mangent pas à leur faim !

Les Parisiens ont vu juste. La plupart des gardes-françaises sont non seulement français, mais parisiens. Ils ont de la famille et des amis dans la ville. D'ailleurs, certains se sont déjà rebellés et on les a enfermés à la prison de l'Abbaye, à Saint-Germain-des-Prés.

Valentin suit la foule qui crie :

– Allons libérer nos soldats !

– Tous à Saint-Germain-des-Prés !

Son cœur bat très fort, mais il n'a pas peur. Il est emporté par ces hommes et ces femmes qui avancent dans les rues. Ils ont empoigné ce qu'ils avaient sous la main : des couteaux, des haches, des bâtons, des barres de fer. Depuis les fenêtres, on les acclame. De chaque immeuble, d'autres hommes, d'autres femmes sortent en courant pour se joindre à eux. Une véritable marée humaine déferle sur les pavés.

À la prison de l'Abbaye, ils ne rencontrent

pas de résistance. Ils libèrent les soldats emprisonnés et les portent en triomphe au Palais-Royal. Des tables sont installées. On y pose des cruches de vin. Un banquet est improvisé. On chante, on danse, on boit. Valentin avale un grand gobelet de vin que lui tend une femme. La tête lui tourne. Il éclate de rire.

Dans les jours qui suivent, tout change à Paris. Jusque-là, c'était un prévôt et ses conseillers qui gouvernaient la ville. Après l'arrestation des soldats français, les Parisiens ne leur font plus confiance. Ils décident d'élire une assemblée, constituée de bourgeois, de commerçants et d'artisans. C'est elle, à présent, qui dirigera Paris.

L'une des premières décisions de cette nouvelle assemblée est la création de milices pour protéger la ville d'une éventuelle attaque.

Le 12 juillet, on dirait que tous les Parisiens sont dans les rues. Comme à son habitude, Valentin se glisse hors de l'atelier et rejoint son ami Jacques. Ils n'ont pas à se demander où aller. La foule les porte vers les jardins du Palais-Royal.

Là, un homme, debout sur une table, brandit un pistolet :

– Le roi a renvoyé Necker, son Premier ministre ! C'est le seul en qui nous pouvions avoir confiance. Vous savez ce que cela signifie ? Notre fin. Dès ce soir, des bataillons suisses et allemands sortiront du Champ-de-Mars pour nous égorger !

– Cet homme, c'est Camille Desmoulins, explique Jacques à Valentin. Il est avocat. Ses discours sont incroyables.

– Il ne nous reste qu'une chose à faire, poursuit Camille Desmoulins. Prendre les armes !

Tout le monde applaudit.

– Nous tous qui sommes ici, reprend le jeune avocat, nous devons choisir un signe pour nous reconnaître. Je propose une cocarde que chacun portera. Je propose qu'elle soit verte, couleur de l'espérance !

Il sort un ruban vert de sa poche et en coupe des morceaux qu'il jette à la foule. Très vite, le ruban est épuisé. Alors, les Parisiens arrachent les feuilles des arbres et les fixent à leur vêtement. Puis tous se mettent en marche pour défiler dans Paris.

Bientôt, la foule se heurte à un bataillon du régiment allemand. Des coups de feu éclatent, un homme tombe. La foule s'enfuit en criant :
– Aux armes ! Aux armes !
Valentin et Jacques courent avec les autres.
– Des armes, nous n'en avons pas... souffle Valentin à son ami.
Un homme qui l'a entendu lui fourre un fusil dans les mains.
– Tiens ! En voilà une !
Valentin fixe le fusil d'un air stupéfait.
– Il n'est pas chargé, précise l'homme. Nous manquons de poudre...
Et il disparaît dans la cohue.

Toute la nuit, les gardes-françaises patrouillent dans Paris. Valentin et Jacques sont rentrés chez eux, mais dès l'aube, le son du tocsin les réveille. C'est le 13 juillet, et le nouveau gouvernement de la ville demande aux citoyens en âge de porter des armes de se mobiliser.
Valentin saisit son fusil et bondit dans la rue où il retrouve Jacques. Le tocsin continue à sonner. Toutes les boutiques sont fermées. Les deux garçons rejoignent bientôt un groupe de Parisiens.

Chacun s'est armé comme il a pu, avec des poignards ou des piques. Tous portent la cocarde, mais le bleu et le rouge, les couleurs de Paris, ont remplacé le vert de Camille Desmoulins.

— Des armes ! crient les uns.
— Du blé ! réclament les autres.

Les armes, ils en trouvent chez les armuriers de la ville qui sont dévalisés. Mais il n'y en a pas assez, et la poudre manque pour les faire fonctionner. Le blé, ils en découvrent une énorme quantité dans un couvent. Il est aussitôt confié aux boulangers de la ville.

Et les cris reprennent :

— Des armes ! De la poudre !

Quand le soir tombe, une nouvelle court de rue en rue :

— Il y a un grand dépôt de fusils aux Invalides !

Le jour suivant, 14 juillet 1789, Valentin et Jacques sont dehors dès l'aube. Les rues sont déjà pleines de monde. Tous vont dans la même direction : vers les Invalides, un bâtiment qui abrite les soldats blessés à la guerre.

6

À LA BASTILLE !

Parmi les Parisiens, une rumeur circule : il y aurait plus de trente mille fusils aux Invalides ! Comme les autres, Valentin et Jacques répètent l'information :

– Trente mille fusils ! Trente mille fusils !

Plus elle approche des Invalides, plus la foule grossit et plus elle crie fort :

– Trente mille fusils ! Trente mille fusils !

Mais sur place, le gouverneur des Invalides les attend de pied ferme.

– Je sais ce que vous voulez, déclare-t-il. J'ai écrit à Versailles. Vous pensez bien qu'en aucun cas, je ne peux vous délivrer des armes sans ordre du roi.

Une énorme clameur accueille cette annonce.

Valentin sent alors un lent mouvement

s'emparer de ceux qui l'entourent. Puis il est projeté en avant. Il se serre contre Jacques. Ils font un pas, un autre. Impossible de résister. La marée humaine s'est mise en marche, puissante et incontrôlable.

– Les canonniers... commence Jacques. Ils vont nous tirer dessus !

Mais les soldats invalides qui gardent le bâtiment ne tirent pas. Quant aux régiments stationnés sur le Champ-de-Mars, non loin de là, ils n'interviennent pas non plus.

Alors la foule se répand dans le bâtiment.

Comme des milliers d'autres, Valentin et Jacques courent de pièce en pièce, visitent des dépendances, gagnent les caves et les souterrains. Là se trouve ce que tous cherchent : des fusils en quantité. Chacun se sert dans le plus grand désordre.

Quand ils ressortent des Invalides, cependant, Valentin et Jacques ne sont guère plus avancés. Jacques a récupéré un fusil, mais il n'y a toujours pas de poudre.

Les Parisiens sont très en colère.

– Des cartouches ! De la poudre ! hurlent-ils.

– Allons à l'Arsenal ! lance quelqu'un. C'est là que la poudre est entreposée !

L'Arsenal est un vieux bâtiment où, voici encore peu de temps, on fabriquait de la poudre et des canons. Valentin et Jacques ne sentent pas la fatigue. Ils courent et crient avec les autres. Ils n'ont pas peur. Mais en arrivant à l'Arsenal, la foule est une fois de plus déçue. La poudre a été transférée, trois jours plus tôt, à la prison de la Bastille.

Il est midi et Paris est en émeute. Des barricades ont été dressées. Des groupes d'hommes, de femmes, d'enfants dévalent les rues, et leurs pas claquent sur les pavés. Un cri jaillit :

– À la Bastille !

Il est repris par des milliers de voix et il s'élève bientôt au-dessus des toits de Paris :

– À la Bastille ! À la Bastille !

Rien ni personne ne peut plus arrêter la foule en colère.

Pourtant, que peut-elle contre la redoutable forteresse ? Ses hautes murailles s'élèvent vers le ciel, percées de quelques ouvertures seulement. On la dit imprenable. Et c'est une prison terrible. Ne raconte-t-on pas que des prisonniers y croupissent depuis des années dans des cachots sans lumière, oubliés de tous ?

Habituellement, la Bastille est gardée par des invalides de guerre. Mais depuis que des troubles agitent Paris, des gardes-suisses sont venus leur prêter main-forte. Ce 14 juillet 1789, toutefois, les Parisiens n'ont plus peur de rien. La poudre dont ils ont besoin pour se défendre contre les régiments étrangers est là, et ils l'obtiendront, de gré ou de force.

Quand Valentin et Jacques arrivent au pied des murailles, des hommes, des femmes, des enfants de tous les âges s'y sont déjà rassemblés. Et ils sont très agités. Ce n'est pas étonnant : voilà plus d'une heure qu'une délégation est entrée dans la forteresse pour demander au gouverneur, le marquis de Launay, qu'il leur livre la poudre. Et depuis, rien. Aucune nouvelle.

Soudain, un homme tend le bras.

– Regardez !

En haut des tours, les canons qui menaçaient la ville reculent.

Aussitôt, la panique s'empare de la foule.

– Ils sont en train de charger les canons ! crient les uns.

– Ils vont nous tirer dessus ! préviennent les autres.

Difficile de s'enfuir. Des milliers de Parisiens ont encore afflué. La foule est si dense que plus personne ne peut bouger. Elle occupe la rue Saint-Antoine, devant la Bastille. Elle occupe la grande cour qui se trouve entre les logements des soldats et les murailles de la forteresse. Et elle se heurte au petit pont-levis qui bloque l'accès à une deuxième cour. C'est là que Valentin et Jacques se tiennent, et ils ne sont pas loin d'étouffer.

Soudain, une explosion retentit, suivie de coups de fusil. Un homme s'écroule non loin des deux garçons. En même temps, au-dessus de leurs têtes, tout en haut des tours, des hommes agitent leurs chapeaux et interpellent la foule. Ce sont quelques-uns des invalides chargés de garder la Bastille.

– Ils sont avec nous ! Ils nous invitent à entrer ! crie un jeune homme.

Et aussitôt, il entreprend d'escalader un mur. Sans réfléchir, un autre l'imite, puis un autre encore, puis Valentin et Jacques. Ils s'agrippent aux pierres, se hissent sur le mur, sautent dans la deuxième cour, regardent autour d'eux. Ils ne sont pas encore dans la forteresse. Pour cela, il faudrait franchir le grand pont-levis qui conduit aux portes monumentales. Mais le pont-levis est dressé et les portes fermées.

De l'autre côté, le petit pont-levis conduit à la grande cour qu'ils viennent de quitter. Derrière, ils entendent la foule gronder et piétiner. Ils se ruent dans un bâtiment proche, trouvent des haches, s'en emparent, fracassent les chaînes du petit pont-levis qui bascule. Ils ont à peine le temps de s'écarter. La foule envahit les lieux dans le plus grand désordre en criant :

– Donnez-nous de la poudre !

Mais des coups de feu claquent. Ils viennent du haut des tours où des gardes-suisses ont pris position.

– Les gardes nous ont trahis ! hurle la foule.

Des hommes et des femmes s'écroulent. Jacques entraîne Valentin à l'abri d'un mur. Ils s'accroupissent et cachent leur tête dans leurs bras. Autour d'eux, la fusillade fait rage.

7
LES VAINQUEURS DE LA BASTILLE

Dans la petite cour au pied de la Bastille, la fusillade continue. Un groupe d'hommes arrive, poussant une charrette pleine de paille. Ils la placent au milieu de la cour et y mettent le feu. Une épaisse fumée s'élève, et Valentin et Jacques toussent, tandis que tout le monde s'écarte.

– On ne peut plus respirer, gémit Valentin. Ils sont fous !

– Non, murmure Jacques. Nous sommes invisibles derrière ce rideau de fumée. Du haut des tours, les soldats ne savent plus sur qui tirer.

L'idée est bonne, mais la fumée devient trop épaisse et une partie des assaillants, Valentin et Jacques en tête, reculent. Soudain, Valentin s'écroule avec un hurlement de douleur.

– Valentin ! crie Jacques en le soutenant.
– Mon bras ! se plaint Valentin.
Jacques l'entraîne.
Ils refluent vers la grande cour où la résistance s'organise. Des gardes-françaises arrivent alors avec des canons. La foule les accueille avec des vivats. Ces soldats sont de leur côté. Eux aussi veulent voir leur situation changer !
Ils disposent leurs canons face à la forteresse. Pendant ce temps, Jacques murmure à l'oreille de son ami :
– Je t'emmène chez moi. Mon père te soignera.
– Non ! Je veux voir ce qui va se passer.
– Feu ! crie un garde-française.
Le bruit du canon couvre la voix de Valentin. Le boulet ricoche sur les murs de la forteresse. Plusieurs coups sont ainsi tirés avant que les canonniers comprennent que les murs sont beaucoup trop solides pour être entamés ! Ils placent alors les canons face à la porte centrale et les tirs recommencent.
Assis sur le sol, Valentin ne voit pas grand-chose, mais Jacques lui décrit la scène.
– Ils sont au pied des tours... On dirait qu'en face, les tirs s'arrêtent... Oh ! Écoute le tambour !

Je vois un drapeau blanc au bout d'un fusil. La Bastille est à nous, Valentin !

Jacques a raison. D'autres drapeaux blancs sont hissés au sommet des tours.

– Baissez le pont ! hurle la foule.

De l'intérieur, un garde répond :

– Le gouverneur se rend ! À une condition : que la garnison soit épargnée.

Mais les vainqueurs de la Bastille n'ont pas confiance. Ils veulent un mot écrit !

Peu après, un papier est glissé par un trou dans le mur. Un canonnier s'en empare, le lit et annonce :

– Nous ne craignons plus rien ! Le gouverneur se rend.

La suite, Valentin ne la verra pas car il s'est évanoui. C'est Jacques qui la lui racontera, quelques jours plus tard :

– Le pont-levis s'est abaissé. La foule s'est approchée, un peu méfiante. Mais les gardiens de la Bastille n'étaient pas armés. Depuis le début, ils étaient de notre côté. Ils ont expliqué que Launay voulait mettre le feu à la poudre entreposée dans la forteresse. Tu te rends compte ?

Ils auraient tous sauté ! Et nous avec, et une partie de la ville aussi.

— Et ensuite ?

— La foule s'est répandue dans la Bastille.

— Ils ont trouvé la poudre ?

— Bien sûr ! Ils l'ont transportée à l'Arsenal.

— Et les prisonniers enfermés à la Bastille ?

— Tu ne vas pas le croire, ils n'étaient que sept ! Ils ont été libérés, bien sûr. Tout le bâtiment a été pillé. Il paraît que des papiers, des livres, des registres tombaient par les fenêtres jusque dans les fossés. Il ne doit plus rester grand-chose à l'intérieur...

— Qu'est-il arrivé aux gardes-suisses et à Launay ? demande Valentin.

Jacques détourne la tête. Ce qu'il a vu est gravé à jamais dans sa mémoire. La foule s'est attaquée au gouverneur qu'elle tenait pour responsable des morts et des blessés. Elle l'a massacré, ainsi que plusieurs gardes-suisses. Jacques ne parvient pas à le raconter à Valentin.

Deux mois plus tard.

Après la prise de la Bastille, les événements se sont enchaînés.

Dès le 15 juillet, les régiments qui encerclaient Paris ont reçu l'ordre de s'éloigner.

À la demande de l'Assemblée, Louis XVI a ordonné à Necker, son Premier ministre, de revenir.

La nouvelle du soulèvement parisien s'est propagée dans tout le pays et la Révolution a gagné la plupart des villes de France.

L'Assemblée nationale a continué à siéger, et elle a pris de grandes décisions. Dans la nuit du 4 août, elle a aboli les privilèges. Dorénavant, les Français, qu'ils soient nobles, du clergé ou du tiers état, auront tous les mêmes droits et les mêmes devoirs ; ils paieront les mêmes impôts et auront accès aux mêmes emplois. Le cousin Benoît a voté ces propositions sans hésiter.

Fin août 1789, Valentin est place de l'Hôtel-de-Ville avec son ami Jacques. Une affiche fraîchement imprimée vient d'être placardée sur un mur.

La tête levée, Valentin déchiffre les premiers mots :

– Déclaration des droits de l'homme et du citoyen...

– Bravo, Valentin ! le félicite Jacques. Tu lis très bien, à présent.

– C'est grâce à toi, réplique Valentin.
– Et à ta blessure ! complète son ami.
C'est vrai. Sa blessure du 14 juillet a immobilisé Valentin pendant plusieurs semaines. Impossible de reprendre son travail à l'atelier ! Le père de Jacques a d'ailleurs recommandé le repos total. Alors, Jacques en a profité pour apprendre à lire à son ami. Et Valentin est un excellent élève !
– Article premier, poursuit-il. Les hommes naissent et demeurent libres et égaux en droits...
À la fin de sa lecture, il conclut d'un air rêveur :
– Tu sais, je n'ai jamais aimé fabriquer des tonneaux et je ne me vois pas reprendre l'atelier de mon père. Mais maintenant que je sais lire, je peux peut-être espérer une autre situation ?
– J'en suis sûr, Valentin ! répond Jacques. J'en suis sûr ! Et je t'y aiderai.

POUR EN SAVOIR PLUS SUR L'HISTOIRE DE LA PRISE DE LA BASTILLE

On connaît l'histoire de la prise de la Bastille d'abord par les textes. Ces textes ont été écrits par des personnes ayant assisté aux événements. Par exemple, Jean Sylvain Bailly, le président de l'Assemblée nationale, a raconté dans ses *Mémoires* comment se déroulaient les États généraux. Des cahiers de doléances, dans lesquels les Français ont écrit leurs revendications, ont également été conservés. On connaît aussi cette histoire grâce à des dessins et des tableaux qui montrent notamment à quoi ressemblait la Bastille, et grâce aux historiens qui ont travaillé sur le passé de la ville de Paris.

Qui sont les députés des États généraux ?

Des hommes représentant les trois ordres de la société française.

Dans toutes les régions, les membres de chaque ordre, le tiers état, le clergé, la noblesse, élisent les députés qui les représenteront aux États généraux. Les députés du tiers état sont les plus nombreux. Ce sont principalement des hommes de loi, des négociants, des banquiers, des industriels et de riches fermiers.

Qui est Louis XVI ?

Le roi de France.
Louis XVI est le petit-fils de Louis XV. Il naît en 1754 et il devient roi en 1774, à l'âge de vingt ans.
Il épouse Marie-Antoinette en 1770. Il perd le pouvoir en 1792, est jugé et meurt guillotiné en 1793.

Où le peuple a-t-il écrit ce qu'il voulait dire au roi ?

Dans des cahiers de doléances.

Dans tous les villages et les villes, les Français ont écrit leurs « doléances », leurs revendications, dans des cahiers. Ils demandent une Constitution, une déclaration des droits de l'homme, l'égalité devant l'impôt, la liberté de la presse, une même loi pour tous dans tout le royaume, la diminution du prix du blé, des écoles et des maîtres d'école…

Qu'est-il advenu de la Bastille ?

Elle a été complètement détruite. Pour les Parisiens, la Bastille est le symbole de la monarchie absolue. Aussi, dès le 16 juillet, l'Assemblée de Paris décide de détruire cette prison. La destruction est confiée à un entrepreneur qui se met aussitôt au travail, embauchant un grand nombre d'ouvriers. Cet entrepreneur fabriquera des souvenirs à partir des pierres et des ferrures de la Bastille. Il les vendra dans tout le royaume.

Que s'est-il passé après la prise de la Bastille ?

Le roi a ordonné aux troupes qui encerclaient Paris de s'éloigner. Plus tard, dans la nuit du 4 août 1789, les privilèges sont abolis. Le 26, la Déclaration des droits de l'homme et du citoyen est adoptée. En 1791, la première Constitution française est rédigée. En avril 1792, la France déclare la guerre à l'Autriche. En septembre, la première République est proclamée.

Est-ce que tout le monde était content que la République soit proclamée ?

Non.
À partir de 1793, certaines régions françaises, comme la Vendée ou la Bretagne, souhaitent le retour de la monarchie. Un Comité de salut public dirige alors le pays et fait régner la terreur en arrêtant et en faisant guillotiner les personnes soupçonnées d'être des ennemis de la Révolution. Des révolutionnaires s'opposent à ce régime de terreur. La République est attaquée de l'intérieur du pays, mais aussi de l'extérieur, puisque la France est en guerre avec ses voisins. La Terreur prend fin en 1794 avec l'exécution de Robespierre.

Qu'est-ce que le 14 Juillet aujourd'hui ?

La fête nationale française.
Le 14 juillet 1790, un an après la prise de la Bastille, une grande fête réunit les représentants de toutes les régions de France au Champ-de-Mars, à Paris. C'est la fête de la Fédération.
Louis XVI prête serment : il jure de maintenir la Constitution décrétée par l'Assemblée nationale.
Le 14 Juillet deviendra la fête nationale de la France en 1880. Elle rappelle le 14 juillet 1789, date de la prise de la Bastille, et le 14 juillet 1790, date de la fête de la Fédération.

Table des matières

L'aventure commence... 4

1 - Le mystérieux cousin. 7

2 - Vive le roi ! 15

3 - Le serment du Jeu de paume. 23

4 - La puissance des baïonnettes. 30

5 - Aux armes, les Parisiens ! 34

6 - À la Bastille !. 41

7 - Les vainqueurs de la Bastille. 48

Pour en savoir plus sur l'histoire
de la prise de la Bastille 56

HÉLÈNE MONTARDRE

Hélène Montardre est écrivaine. Elle a écrit de nombreux livres : romans, contes, récits, albums et documentaires.

Aux éditions Nathan, elle a déjà publié *Le fantôme à la main rouge*, *Persée et le regard de pierre*, *Zeus à la conquête de l'Olympe*, *Ulysse l'aventurier des mers*, *Alexandre le Grand – Jusqu'au bout du monde*, et les romans de la collection « Petites histoires de la mythologie ».

petites histoires de l'HISTOIRE

DÉJÀ PARUS

Vercingétorix contre Jules César

La prise de la Bastille

Catastrophe à Pompéi

Le voyage de Christophe Colomb

Versailles, le défi du Roi-Soleil

Le destin de Napoléon Bonaparte

L'exploit de Gustave Eiffel

De Gaulle, le résistant

Clovis, roi des Francs

François Ier, prince de la Renaissance

Aliénor d'Aquitaine, la conquérante